La Compréhension et la Coopération entre les Religions

Un discours de
Sri Mata Amritanandamayi

Mata Amritanandamayi Center, San Ramon
Californie, États-Unis

La Compréhension et la Coopération entre les Religions
Un discours de Sri Mata Amritanandamayi
Traduit en anglais par Swami Amritaswarupananda Puri

Publié par:
Mata Amritanandamayi Center
P.O. Box 613
San Ramon, CA 94583
États-Unis

──────── *Understanding & Collaboration between Religions (French)* ────────

Copyright 2006 © Mata Amritanandamayi Mission Trust, Amritapuri, Kérala 690546, Inde
Tous droits réservés. Aucune partie de cette publication ne peut être stockée dans un système de données, transmis; reproduit; transcrit ou traduit en aucune langue, sous aucune forme, par aucun moyen sans l'accord et la permission écrite de l'éditeur.

Première édition par le Centre MA : septembre 2016

En France :
Ferme du Plessis
28190 Pontgouin
www.ammafrance.org

En Inde :
www.amritapuri.org
inform@amritapuri.org

Sri Mata Amritanandamayi

Introduction

Amma a prononcé ce discours le 2 mai 2006, lors de la quatrième cérémonie annuelle de la remise du Prix Interreligieux James Park Morton du centre interreligieux de New York, cérémonie qui se déroulait au Musée Rubin, district de Chelsea, Manhattan.

Le Centre Interreligieux de New York (ICNY) lui a décerné ce prix 2006 pour l'importance de son action en faveur de la « Compréhension et du respect mutuels entre les religions », qui est le premier objectif du Centre. « La vie d'Amma est consacrée à l'acceptation, » dit le fondateur du Musée Rubin, Donald Rubin, en présentant Amma lors de la remise du prix. « Elle accueille tous les êtres humains et les reçoit physiquement dans ses bras, transcendant ainsi toutes les frontières religieuses et politiques. L'acceptation et l'amour que nous recevons dans cette étreinte est la guérison dont nous avons tous besoin. C'est la guérison que nous a donnée notre mère lorsque nous étions bébé. C'est cette guérison qu'Amma donne au monde.»

Introduction

Le Centre Interreligieux a été particulièrement impressionné par l'importance des secours apportés par l'ashram d'Amma aux victimes du tsunami qui a dévasté l'Asie en 2004 et souhaitait, en relation avec cette expérience, entendre Amma exprimer ses idées sur le dialogue et la coopération entre les religions.

Lors des catastrophes naturelles, les cœurs s'ouvrent, on oublie les notions de caste, de religion et de politique » a dit Amma dans son discours. « Mais l'ouverture d'esprit et la compassion manifestées en de telles occasions ne durent que le temps d'un éclair. Et pourtant, si nous parvenions à maintenir cette flamme de compassion allumée dans notre cœur, elle aurait le pouvoir de dissiper les ténèbres qui nous entourent. »

Amma s'exprimait dans sa langue maternelle, le malayalam, mais tout le monde pouvait l'écouter grâce à une traduction simultanée. Ses paroles n'ont rien de la rhétorique d'un érudit : imprégnées de sa propre expérience et de sa Réalisation, et elles ont une grande force et eurent sur toute l'assemblée un impact visible.

Tout en reconnaissant la nécessité de la religion, elle n'a cessé d'insister sur l'importance qu'il y a pour les fidèles à pénétrer jusqu'à ce qui constitue le noyau de toutes les religions. « Nous suçons le jus de la canne à sucre et en recrachons la tige ; de même, les guides spirituels devraient encourager leurs adeptes à assimiler l'essence de la religion, la spiritualité, et à ne pas donner une importance excessive aux aspects extérieurs. Malheureusement, de nos jours, nombreux sont ceux qui mangent la tige et recrachent l'essence. »

Alors que les sages et les saints donnent toute leur importance aux valeurs de la spiritualité, Amma a aussi déploré que leurs adeptes tombent souvent dans le bourbier de l'institutionnalisation : « En conséquence, ces mêmes religions qui étaient censées répandre la paix et la tranquillité en enfilant tous les êtres humains sur la guirlande de l'amour sont devenues la cause de la guerre et du conflit. En leur nom, nous nous sommes enfermés dans la prison de l'ego et nous l'avons ensuite gonflé pour nous combattre mutuellement. Si cela continue, la compréhension et la coopération resteront à jamais un mirage. »

En conclusion, Amma a dit que la solution des problèmes auxquels le monde est aujourd'hui confronté tient en un mot : la compassion et elle a insisté sur l'importance qu'il y a pour les fidèles de toutes les religions à servir les pauvres et les

Introduction

---

malheureux. « Aider les pauvres et les indigents est une véritable prière, a dit Amma, sans compassion, tous nos efforts seront vains. »

A la fin de son discours, les applaudissements retentirent dans la salle du Musée Rubin et très vite, ceux qui participaient à la cérémonie vinrent chacun à son tour recevoir l'étreinte aimante. Parmi eux se trouvaient la plupart de ceux qui recevaient le prix en même temps qu'elle.

Swami Amritaswarupananda Puri
Vice Président
Mata Amritanandamayi Math

Cinq autres personnes reçurent le prix en même temps qu'Amma : Le lauréat du Prix Nobel de la Paix 2005 Dr. Mohammed Elbaradei, Directeur Général de l'Agence Internationale de l'Energie Atomique ; Le juge de la Cour Suprême des Etats-Unis Stephen G. Breyer ; Le célèbre acteur americain Richard Gere, pour son œuvre en tant que Directeur de Healing the Divide et Président du Comité de la Campagne Internationale pour le Tibet ; et ensemble, Imam Feisal Abdul Rauf, l'Imam de Masjid Al-Farah (la mosquée voisine du World Trade Center, théâtre de l'attentat du 11 septembre 2001) et Daisy Khan, le Directeur exécutif de l'Association Americaine pour le Progrès des Musulmans.

Parmi les personnes auxquelles le Centre ICNY a attribué ce Prix Interreligieux dans le passé se trouvent trois Prix Nobel de la Paix : Sa sainteté le Dalai Lama, L'Archevêque Desmond Tutu et Shirin Ebadi ainsi que l'ex-Président des Etats-Unis Bill Clinton.

La Compréhension et la Coopération entre les Religions

Discours d'Acceptation
Sri Mata Amritanandamayi Devi
Au Centre Interreligieux de New York
Musée Rubin
Le 2 May 2006, New York

La Compréhension et la Coopération entre les Religions

Je m'incline devant chacune des personnes assemblées ici, qui sont toutes des incarnations de l'Amour pur et de la Conscience suprême.

Pour commencer, je souhaite exprimer mes meilleurs vœux de succès au Centre Interreligieux de New York. Puisse cette organisation réussir à allumer la lampe de l'amour et de la paix dans des milliers et des milliers de cœurs, sous la direction compétente du Révérend Parks Morton. Le Centre Interreligieux mérite un éloge particulier pour les activités auxquelles ses membres se sont consacrés avec dévouement à la suite de la tragédie du 11 septembre 2001 qui coûta la vie à des milliers de personnes, parmi lesquelles des enfants innocents. Permettez-moi aussi de profiter de cette occasion pour exprimer la joie qu'éveille en mon cœur l'organisation de cette conférence et ma gratitude pour la foi que vous avez investie en moi.

En réalité, c'est uniquement grâce à l'abnégation et au sacrifice de millions de dévots dans le monde qu'Amma a pu rendre quelque service à la société. En vérité, ce prix et cet honneur leur reviennent. Je ne suis qu'un instrument.

Le sujet du discours d'aujourd'hui, « la compréhension mutuelle et la coopération entre les religions » a déjà été débattu lors de milliers de forums dans le monde. Et, bien que ces discussions et le travail d'organisations comme celle-ci aient contribué dans une certaine mesure à rapprocher les religions, la peur et l'angoisse que nous éprouvons en songeant au monde et à son avenir demeurent et nous tourmentent l'esprit.

Pour que cette situation change, il faut que la compréhension mutuelle et la coopération entre les religions s'améliorent. Guides religieux et chefs d'états sont d'accord là-dessus et l'affirment lors de rencontres comme celle-ci. Mais bien souvent, nous ne réussissons pas à faire preuve de la même fermeté en action qu'en paroles. Dans le cadre de telles conférences, nous échangeons de nombreuses idées mais quand nous tentons de les mettre en œuvre, nous subissons des pressions qui nous en empêchent. Une rencontre où les cœurs ne sont pas ouverts est comme un parachute qui ne parvient pas à s'ouvrir.

Toute religion a deux aspects : d'une part les enseignements philosophiques tels qu'ils sont exposés dans les Ecritures, d'autre part la spiritualité. Le premier aspect constitue l'enveloppe extérieure de la religion, alors que la spiritualité en est l'essence. La spiritualité est l'éveil à notre nature réelle. Ceux qui font l'effort de connaître leur Soi véritable sont les vrais croyants. Quelle que soit notre religion, si nous comprenons les principes spirituels, il est possible d'atteindre le but ultime, la Réalisation de notre nature réelle. Du moment qu'un pot contient du miel, sa couleur importe peu. Inversement, si nous ne parvenons pas à assimiler les principes spirituels, la religion n'est alors qu'une foi aveugle qui nous lie.

Le but de la religion est de créer en nous une transformation intérieure. Pour cela, il est indispensable d'assimiler la spiritualité, l'essence de la religion. C'est l'unité des cœurs qui crée l'unité religieuse. Si nos cœurs ne s'unissent pas, au lieu d'œuvrer ensemble et de former une équipe, nous allons nous éloigner les uns des autres et nos efforts seront dispersés.

La religion est pareille à un panneau indicateur : elle indique le chemin. Mais le but à atteindre, c'est l'expérience spirituelle.

Quelqu'un vous montre du doigt un arbre et vous dit : « Regardez cet arbre. Voyez-vous le fruit sur cette branche ? Si vous le mangez, vous atteindrez l'immortalité ! » Il faut alors grimper à l'arbre, cueillir le fruit et le manger. Si vous vous accrochez au doigt, jamais vous ne savourerez le fruit. S'accrocher à la lettre des Ecritures, au lieu de saisir les principes spirituels qu'elles recèlent, revient au même.

Nous suçons le jus de la canne à sucre et en recrachons la tige ; ainsi, les guides spirituels devraient encourager leurs adeptes à assimiler l'essence de la religion, la spiritualité, sans accorder une importance excessive aux aspects extérieurs. Malheureusement, actuellement, nombreux sont ceux qui mangent la tige et recrachent l'essence.

La puissance de la religion réside dans la spiritualité. Elle est le ciment qui fortifie l'édifice de la société. Pratiquer une religion mais vivre sans assimiler la spiritualité, revient à construire une tour en se contentant d'empiler des briques, sans jamais utiliser de ciment. L'édifice s'effondre au moindre coup de vent. La foi religieuse sans la spiritualité est inerte, comme une partie du corps qui serait coupée du flot de la circulation sanguine.

On peut utiliser l'énergie atomique pour créer ou pour détruire, pour générer de l'électricité au bénéfice de tous ou fabriquer une bombe atomique qui anéantira tout. A nous de choisir. Assimiler ce qui, dans la religion, est spiritualité, c'est utiliser les atomes pour faire de l'électricité. Amputée de sa perspective spirituelle, la religion conduit vers de graves dangers.

Le système des castes, les divisions sociales et religieuses, existaient déjà dans les cultures de l'antiquité. A l'époque, elles étaient étalées ouvertement, visibles pour tous. Aujourd'hui en revanche, nous parlons comme si nous avions pleinement conscience de l'importance de l'unité religieuse et de l'égalité, mais au fond de nous, le désir de revanche continue de brûler. Jadis, les problèmes existaient surtout à un niveau visible, manifesté, alors qu'aujourd'hui ils se trouvent sur un plan subtil. Ils ont donc plus de puissance et d'ampleur, en raison même de leur subtilité.

Amma se rappelle une histoire. Il était une fois dans une ville un criminel notoire. Chaque soir, vers sept heures, il venait rôder au coin d'une certaine rue, et il accostait et insultait les femmes et les jeunes filles qui passaient. Elles avaient si peur qu'aucune femme ne passait plus par-là après le coucher du soleil. Elles se cachaient derrière

La Compréhension et la Coopération entre les Religions

les portes closes de leur maison. Plusieurs années passèrent et un jour, le bandit mourut subitement.

Cependant, même après la mort du malfaiteur, les femmes du quartier continuaient à rester cloîtrées chez elles après le coucher du soleil. Intrigués, certains leur demandèrent pourquoi elles n'osaient pas sortir. Les femmes répondirent : « Quand il était en vie, nous pouvions le voir. Nous savions quand et où il nous guettait. Mais maintenant, c'est son fantôme qui nous attaque. Il peut donc s'en prendre à nous n'importe où, à n'importe quel moment ! Comme il est subtil, il est plus puissant, il est partout. » Il en va de même des divisions sociales et religieuses aujourd'hui.

En réalité, la religion est une contrainte créée par les humains. A la naissance, nous sommes libres de tout conditionnement, de toute limitation concernant la religion ou la langue que nous parlons. Elles nous sont enseignées et, avec le temps, elles nous conditionnent. Ce conditionnement est nécessaire dans une certaine mesure, de même qu'une petite plante a besoin de la protection d'une clôture. Une fois que la petite plante est devenue un arbre, elle transcende la clôture. Ainsi, nous devons être capables de transcender notre conditionnement religieux pour devenir « inconditionnel ».

Trois éléments font qu'un être humain est humain :

1. le désir intense de connaître le sens et la profondeur de la vie en utilisant la faculté intellectuelle de discerner,

2. la capacité miraculeuse de donner de l'amour,

3. la faculté d'être joyeux et d'apporter la joie aux autres.

La religion devrait aider les fidèles à développer pleinement ces trois qualités. C'est ainsi seulement que la religion atteidra la perfection et y conduira les êtres humains.

Tandis que les grandes âmes mettent l'accent sur les valeurs spirituelles, leurs adeptes accordent souvent plus d'importance aux institutions et aux organisations. En conséquence, les mêmes religions qui étaient censées répandre la paix et la tranquillité en enfilant tous les êtres humains sur la guirlande de l'amour, ont engendré des guerres et des conflits.

Notre ignorance, notre vision limitée, nous poussent à confiner les grandes âmes dans les cages minuscules de la religion. En leur nom, nous nous enfermons dans la prison de l'ego que nous gonflons ensuite pour nous combattre. Si cela continue, la compréhension et la coopération resteront à jamais un mirage.

Deux hommes montés sur un tandem essaient de faire l'ascension d'une montagne très raide. Ils ont beau faire tout leur possible, ils ne réussissent à parcourir qu'une petite distance. Fatigués et lassés, ils décident de descendre du tandem pour se reposer. Hors d'haleine et couvert de sueur, celui qui est devant s'exclame : « Quelle montagne ! On a beau pédaler, on n'avance pas ! Je suis claqué et j'ai un mal de dos d'enfer ! »

Celui qui était derrière répond : « Hé mon vieux ! Tu crois que tu es éreinté ! Mais si je n'avais pas tenu le frein pendant tout ce temps, on aurait eu vite fait de se retrouver en bas ! »

Consciemment ou inconsciemment, c'est ainsi que nous agissons aujourd'hui au nom de la compréhension mutuelle et de la coopération. La méfiance profonde que nous éprouvons les uns envers les autres nous empêche d'ouvrir notre cœur.

En vérité, les principes de l'amour, de la compassion et de l'unité sont au cœur de tous les enseignements religieux.

Le christianisme dit : « Aime ton prochain comme toi-même. » L'hindouisme dit : « Nous devrions prier pour que les autres aient ce que nous désirons pour nous-mêmes. » L'islam dit : « Si l'âne de ton ennemi tombe malade, tu dois le soigner. » Le judaïsme dit : « Haïr son voisin, c'est se haïr soi-même » C'est bien le même message, exprimé de façons différentes. Le sens de toutes ces paroles est : « puisque la même âme (*atman*) demeure en toute chose, voyons l'Un en tous et servons-le en tous. » Ce sont des gens à l'intellect déformé qui interprètent ces principes et leur imposent des limites.

Amma se rappelle une histoire. Un artiste peintre renommé peignit un jour le portrait d'une jeune femme à la beauté enchanteresse. Quiconque voyait le tableau en tombait aussitôt amoureux. Certains demandèrent au peintre si cette jeune femme était sa bien-aimée. Il répondit que non. Tous alors insistèrent pour l'épouser, chacun déclarant qu'il ne tolèrerait pas qu'un autre obtienne sa main.

Ils demandèrent : « Où peut-on trouver cette belle dame ? »

Le peintre leur dit : « Je suis désolé, mais en fait, je ne l'ai jamais vue. Elle n'a pas de nationalité, pas de religion ni de langue maternelle, et la beauté que vous voyez en elle n'est pas celle d'un individu. J'ai simplement donné des yeux, un nez et une forme à la beauté que j'ai contemplée à l'intérieur de moi. »

Mais aucun d'eux ne crut les paroles du peintre. Ils se mirent en colère : « Vous mentez. Vous voulez simplement la garder pour vous. »

Le peintre leur dit calmement : « Non, je vous en prie, ne regardez pas cette peinture en restant à la surface. Vous aurez beau chercher dans le monde entier, vous ne la trouverez pas – et pourtant elle est la quintessence de la Beauté. »

Néanmoins, ignorant les paroles du peintre, ils s'entichèrent de la peinture. Leur désir de posséder cette jeune femme était si fort qu'ils se querellèrent, se battirent et finalement périrent.

Nous ressemblons à ces hommes. Nous cherchons aujourd'hui Dieu uniquement dans les idoles et les Ecritures. Dans cette quête, nous nous sommes égarés.

Les Ecritures disent que chacun de nous voit le monde au travers de lunettes teintées. Nous voyons dans le monde ce que nous y projetons. Si nous le regardons avec les yeux de la haine et de la vengeance, le monde nous apparaîtra exactement

de cette manière. Mais si nous le regardons avec les yeux de l'amour et de la compassion, nous ne verrons partout que la beauté de Dieu.

Amma a entendu parler d'une expérience menée par des chercheurs pour déterminer si, oui ou non, le monde est réellement tel que nous le percevons. Ils ont donné à un jeune homme une paire de lunettes qui déformait la vue et lui ont demandé de les porter continuellement pendant une semaine. Les trois premiers jours, il était très agité, car la perception qu'il avait de ce qui l'entourait le dérangeait. Mais ensuite, ses yeux se sont totalement adaptés aux lunettes, la douleur et le malaise ont complètement disparu. Ce qui, au départ, avait rendu le monde étrange et l'avait déformé, finit par lui sembler normal.

Ainsi, chacun de nous porte des lunettes différentes et voit le monde et la religion à travers elles. Nous réagissons conformément à cette vision, si bien que souvent, nous ne sommes même pas capables de voir les autres comme des êtres humains.

Il y a de cela bien des années, un chef religieux avait raconté à Amma une expérience dont elle se souvient. Il était allé assister à une cérémonie dans un hôpital, à Hyderabad, en Inde.

Un discours de Sri Mata Amritanandamayi

En descendant de sa voiture pour marcher vers l'hôpital, il voit un groupe de femmes qui forment une haie d'honneur des deux côtés du chemin pour le recevoir à la manière traditionnelle : elles portent des lampes à huile et du riz cru. Quand il passe au milieu d'elles, elles trempent le riz dans l'huile et le lui lancent au visage. Il a confié à Amma : « Leurs gestes, bien loin d'être un accueil chaleureux, exprimaient la colère et l'hostilité. Je leur ai fait signe d'arrêter, mais elles n'en ont tenu aucun compte. »

Il se renseigna ensuite pour savoir si les personnes ainsi alignées le long de son chemin croyaient en Dieu. Le propriétaire de l'hôpital lui dit que oui, c'étaient des croyantes, et qu'il s'agissait de ses employées. Le visiteur répondit : « Je ne le pense pas, car j'ai senti de la colère et de la vindicte dans leur comportement. »

Soupçonnant quelque chose, le propriétaire fit enquêter sur l'incident. Voici ce que vit l'enquêteur : les femmes qui avaient accueilli ce chef religieux étaient réunies dans une pièce, et elles riaient. L'une d'entre elles proclama fièrement, d'une voix pleine de mépris : « Ah, je lui ai mis son compte, à ce démon ! »

En réalité, les employées appartenaient à

une autre religion. Comme leur chef leur avait dit de recevoir cet invité selon la tradition, elles n'avaient pas le choix. Mais elles ne comprenaient rien à la véritable religion, à la culture spirituelle. En fait, dans leur esprit, les gens qui pratiquaient une autre religion que la leur n'étaient pas des êtres humains, mais des démons.

Il existe deux sortes d'ego. La première, c'est l'ego du pouvoir et de l'argent. Mais la seconde est encore plus destructrice. C'est l'ego qui pense : « Ma religion et mon point de vue seuls sont corrects. Tous les autres sont erronés et inutiles. Je ne tolérerai rien de différent. » Cela revient à dire : « Ma mère est quelqu'un de bien ; la tienne est une prostituée ! » Cette manière de penser et ce genre de comportement sont la cause de tous les conflits religieux. A moins d'éradiquer ces deux sortes d'ego, il sera difficile de faire régner la paix dans le monde.

Etre prêt à écouter les autres, être capable de les comprendre et avoir l'ouverture d'esprit nécessaire pour accepter même ceux qui ne sont pas d'accord avec nous, voilà les signes d'une vraie culture spirituelle. Malheureusement, ces vertus sont exactement celles qui font défaut dans le monde d'aujourd'hui.

Néanmoins, lors des catastrophes naturelles, les cœurs s'ouvrent, transcendant les notions de caste, de religion et d'appartenance politique. Quand le tsunami a frappé l'Asie du sud, toutes les barrières de religion et de nationalité ont disparu. Tous les cœurs ont eu mal, par compassion pour les victimes. Tous les yeux ont pleuré avec elles. Et toutes les mains se sont tendues pour essuyer leurs larmes et les aider.

Je ne compte plus les moments où mon cœur et mon âme ont été comblés en voyant des athées, des gens appartenant à tous les partis politiques et à toutes les religions travailler jour et nuit avec les résidents de notre ashram (monastère) dans un esprit d'abnégation. Cependant, l'ouverture d'esprit et la compassion que les gens manifestent en de telles occasions ne durent que le temps d'un éclair. Si en revanche nous réussissons à garder cette flamme de compassion allumée dans notre cœur, elle peut faire disparaître les ténèbres qui nous entourent. Puisse le filet de compassion qui coule en nous devenir un fleuve au flot torrentiel. Cette étincelle d'amour, transformons-là en une splendeur éblouissante comme le soleil. Nous créerons ainsi le Paradis sur terre. La capacité d'accomplir cette transformation demeure en chacun de nous. C'est notre droit de naissance et notre vraie nature.

Si nous remplissons un ballon d'hélium, il s'élève dans le ciel, quelle que soit sa couleur. De même, les gens de toutes religions peuvent atteindre de grandes hauteurs spirituelles s'ils remplissent leur cœur d'amour.

Amma se rappelle une histoire. Un jour, les couleurs du monde se rassemblèrent. Chacune déclarait fièrement : « Je suis la couleur la plus importante, la couleur que les gens préfèrent. » La conversation dégénéra en querelle.

Vert déclara fièrement : « Sans aucun doute, je suis la couleur la plus importante. Je suis le signe de la vie. Les arbres, les plantes grimpantes, la nature entière arbore ma couleur. Ai-je besoin d'en dire plus ? »

Bleu l'interrompit : « Assez de bavardages ! Tu ne parles que de la terre. Ne vois-tu pas le ciel et l'océan ? Ils sont bleus. Et l'eau est le substrat de la vie. Gloire à moi, la couleur de l'infini et de l'amour. »

A ces mots, Rouge se mit à crier : « Ah! Ça suffit maintenant ! Taisez-vous tous ! Je suis votre souverain à tous, je suis le sang. Je suis la couleur de la vaillance et du courage. Sans moi, il n'y a pas de vie. »

Au milieu de tous ces cris, Blanc dit doucement : « Vous avez tous plaidé votre cause. Quant à moi, je n'ai qu'une chose à dire : n'oubliez pas qu'en vérité, je suis le substrat de toutes les couleurs. »

Néanmoins, bien d'autres couleurs s'avancèrent pour célébrer leur grandeur et leur suprématie sur les autres. Peu à peu, ce qui avait commencé comme un simple échange de paroles devint une véritable bataille verbale. Les couleurs étaient même sur le point de se détruire mutuellement.

Soudain, le ciel s'obscurcit, il y eut des coups de tonnerre et des éclairs, suivis d'un véritable déluge. Le niveau de l'eau montait rapidement. Les arbres étaient déracinés et la nature entière était en émoi.

Tremblantes de peur, les couleurs impuissantes appelèrent : « Sauve-nous ! » Elles entendirent alors une voix venant du ciel. « Couleurs ! Où sont maintenant votre ego et votre vanité ? Vous qui luttiez sottement pour la suprématie, vous tremblez maintenant de peur, incapables de sauver fût-ce votre vie. Tout ce que vous proclamez vôtre peut disparaître en un instant. Il vous faut absolument comprendre la chose suivante : bien que différente, chacune de vous est incomparable. Dieu a créé chacune de vous dans un but différent. Pour échapper à la destruction, vous devez vivre la main dans la main, dans l'unité. Si vous vous unissez, vous pouvez vous élever et former un arc dans le ciel. Vous pouvez devenir l'arc-en-ciel aux sept couleurs alignées dans l'harmonie, le symbole de la paix et de la beauté, le signe de l'espoir et de l'avenir. A ce niveau, toutes les différences disparaissent et tout est perçu comme Un. Puissent l'unité et l'harmonie qui règnent entre vous inspirer tous les êtres. »

Puissions-nous, chaque fois que nous voyons un magnifique arc-en-ciel, y puiser l'inspiration de travailler ensemble, en équipe, en nous comprenant et en nous appréciant mutuellement.

Les religions sont les fleurs disposées pour l'adoration de Dieu ! Comme ce serait beau si elles s'unissaient pour former un bouquet ! Elles répandraient alors le parfum de la paix dans le monde entier.

Il appartient aux chefs religieux de s'avancer sur le devant de la scène et de chanter le chant de la paix, celui de l'unité et de l'amour universels. Qu'ils deviennent des miroirs pour le monde. Si on nettoie le miroir, ce n'est pas pour lui, mais pour que ceux qui s'y regardent puissent mieux se laver le visage. C'est aux représentants de la religion qu'il incombe de montrer l'exemple, un exemple qui déterminera la pureté des actes et des pensées de leurs adeptes. Il faut que des êtres nobles pratiquent les idéaux religieux afin que leurs fidèles, imprégnés de cette attitude intérieure, en reçoivent l'inspiration nécessaire pour, à leur tour, agir noblement.

D'une certaine manière, chacun de nous devrait devenir un modèle, parce qu'il y aura toujours quelqu'un pour nous prendre en exemple. Notre devoir est de prendre en considération ceux qui nous choisissent comme modèle. Dans un monde où chacun s'efforcerait de donner l'exemple, les guerres et les armes disparaîtraient et ne seraient plus qu'un mauvais rêve, un très vieux rêve. Quant aux armes et aux munitions, devenues des antiquités reléguées au musée, elles resteraient des symboles de notre passé, d'un temps où les humains s'étaient écartés de la voie qui mène à leur but.

Nous nous sommes laissé duper par les aspects

superficiels de la religion, voilà notre erreur. Rectifions-la. Ensemble, faisons l'expérience de l'essence de la religion : l'amour universel, la pureté du cœur, la vision de l'unité en tout. Nous vivons à une époque où le monde entier a pris la taille d'un village. Ce qu'il nous faut, ce n'est pas simplement la tolérance religieuse, mais une compréhension mutuelle et profonde. Débarrassons-nous de l'incompréhension et de la défiance. Disons adieu à l'âge noir de la rivalité et marquons le début d'une ère nouvelle de coopération créative entre les religions. Nous venons d'entrer dans le troisième millénaire. Puisse la génération à venir appeler ce millénaire celui de l'amitié et de la coopération religieuses.

Amma aimerait proposer quelques suggestions à la réflexion de chacun :

1) La solution à presque tous les problèmes auxquels le monde est aujourd'hui confronté tient en un mot : la compassion. L'essence de toutes les religions, c'est de faire preuve de compassion envers autrui. Que les chefs religieux manifestent l'importance de la compassion en donnant l'exemple dans leur propre vie ! Dans le monde actuel, rien n'est plus rare que les modèles de vie. Qu'ils

n'hésitent pas à s'avancer au premier plan pour combler ce vide.

2) La pollution, engendrée par notre exploitation de la nature et notre inconscience générale est en train de détruire la terre. Les chefs religieux doivent mener des campagnes pour que les gens prennent conscience de l'importance qu'il y a à protéger notre environnement.

3) Nous n'avons peut-être pas le pouvoir d'éviter les catastrophes naturelles. Et comme les êtres humains ne maîtrisent pas leur ego, il n'est peut-être pas non plus toujours possible d'éviter totalement la guerre et les autres conflits. Mais si nous en prenons la ferme résolution, il ne fait aucun doute que nous pouvons faire disparaître la faim et la pauvreté. Tous les chefs religieux doivent faire de leur mieux pour atteindre ce but.

4) Pour encourager la compréhension entre les religions, chacune d'entre elles devrait créer des centres où les enseignements des autres croyances seraient étudiées en profondeur, avec une grande ouverture d'esprit et sans arrière-pensées.

5) De même que le soleil n'a pas besoin de la

lumière d'une chandelle, Dieu n'a besoin de rien que nous puissions Lui donner. La vraie prière, c'est d'aider les pauvres et les malheureux. Sans compassion, tous nos efforts seront vains, comme si on versait du lait dans un récipient sale. Toutes les religions doivent mettre l'accent sur l'importance qu'il y a à servir les pauvres, tous ceux qui souffrent, avec compassion.

Prions et œuvrons ensemble pour créer des lendemains heureux, sans conflit, où les différentes religions travailleront ensemble dans la joie, la paix et l'amour.

Puisse l'arbre de notre vie être fermement enraciné dans le terreau de l'amour,

Que les bonnes actions soient les feuilles de cet arbre.

Puissent les paroles de bienveillance former ses fleurs et puisse la paix en être le fruit.

Grandissons et épanouissons-nous en formant une seule famille unie dans l'amour pour nous réjouir et célébrer notre unité,

Dans un monde où règnent la paix et le contentement.

www.ingramcontent.com/pod-product-compliance

Lightning Source LLC
Chambersburg PA
CBHW070049070426

42449CB00012BA/3206